와글와글 인문학 수업
인공지능 로봇과 친구가 될 수 있을까?

인공지능 로봇과
친구가 될 수 있을까?

김일선 글 | 세미 그림

내케주니어

시작하면서

우리 주변에는 앞으로의 세상과 삶을 크게 바꿀 것으로 여겨지는 것들이 많습니다. 그중 하나가 인공지능이지요. 그런데 인공지능이 대단한 기술이기는 해도 인공지능만으로 커다란 힘을 발휘할 수는 없어요. 어느 것이나 그렇듯, 다른 것과 잘 합쳐졌을 때 비로소 빛을 낼 수 있거든요. 사람도 마찬가지예요. 아무리 재능이 뛰어나도 함께하는 사람이나 자본, 건강한 신체 등이 없다면 충분한 능력을 발휘하기 힘들지요.

그렇다면 인공지능을 빛내 줄 수 있는 건 무엇일까요? 여러 가지가 있겠지만 로봇을 첫손에 꼽을 수 있습니다. 로봇과 인공지능이 결합하면 지능을 갖고, 생각하고, 움직이는 존재가 되는 셈이니 언뜻 생각해도 어딘가 사람과 비슷해지는 것 같지 않나요?

물론 지금의 인공지능은 사람의 지능과는 많이 다르고, 로봇도 사람의 몸과는 전혀 다릅니다. 하지만 인공지능과 로봇이 제대로, 잘

합쳐진다면 정말 놀랍고 상상하기 힘든 결과가 만들어질 거예요.

　새로운 기술, 새로운 어떤 것이 나타났을 때, 먼저 써 보기만 해서는 절대로 앞서 나갈 수 없어요. 게다가 지금까지의 어떤 기술보다 새롭다면 더욱 그렇겠죠. 그래서 이 책에서는 '인공지능'과 '로봇'에 대해서 함께 생각해 보려고 해요.

　이미 인공지능과 로봇이 무엇인지 알고 있는 친구들도 있을 거예요. 하지만 인공지능과 로봇이 우리의 삶과 생각에 어떤 영향을 미치게 될지는 아직 잘 생각해 보지 못했을 것 같아요. 설령 누군가, 심지어 인공지능이 정리해 놓은 자료가 있다고 해도 스스로 곰곰이 생각해 보지 않았다면 제대로 이해할 수 없거든요.

　이 책을 통해서 여러분이 인공지능과 로봇에 대해 많이 생각해 볼 기회를 가지면 정말 좋겠습니다. 생각은 즐겁고, 미래는 열려 있으니까요.

차례

인공지능은 무엇일까?
사람이 만들어낸 지능 ● 8
쓰이지 않는 분야가 없는 인공지능 ● 10
정말 다 잘하기만 할까? ● 18
함께 생각해 봐요! 앞으로는 외국어를 배울 필요가 없을까? ● 22

인공지능은 어떻게 만들어질까?
뇌를 흉내 내기 ● 24
인공 신경망 훈련 시키기 ● 27
학습으로 다듬어지는 도구 ● 31
함께 생각해 봐요! 인공지능은 누가 만들어도 비슷할까? ● 38

미래의 인공지능 로봇은 어떤 모습일까?
인공지능과 로봇이 만나면 ● 40
지능이란 뭘까? ● 45
생각이란 뭘까? ● 47
생각을 가진 인공지능 로봇이 등장한다면 ● 50
함께 생각해 봐요! 인공지능이 우리의 일자리를 빼앗을까? ● 56

인공지능에게 책임과 권리가 있을까?

책임과 권리는 같이 움직여 ● 58
지능 폭발이 가져올 변화들 ● 64
소설과 영화 속의 인공지능 로봇 ● 66
알 수 없는 인공지능 ● 73
함께 생각해 봐요! 챗GPT 저작권 침해 소송 ● 78

인공지능 로봇과 마음을 나눌 수 있을까?

친구와 반려동물 ● 82
인공지능이 아직 가지지 못한 것 ● 84
선택은 사람의 몫 ● 87
함께 생각해 봐요! 10점을 쏘는 양궁 로봇 ● 94

인공지능은 무엇일까?

사람이 만들어낸 지능

혹시 젓가락이나 포크가 없다면 어떻게 밥을 먹을 수 있을지 생각해 본 적 있어? 젓가락이나 포크 같은 도구가 없어도 어떻게든 음식을 먹을 수는 있겠지. 손으로 밥을 먹는 문화도 있으니까. 하지만 젓가락이나 포크를 사용하던 사람들은 쉽지 않을 거야.

'도구'라고 하면 보통 '드라이버'나 '계산기', '청소기' 같은 것을 떠올려. 그런데 조금만 생각해 보면 우리가 사용하는 물건

은 대부분이 도구야.

요즘은 많은 곳에서 '인공지능'을 도구로 쓰고 있어. '인공'은 사람이 만들었다는 뜻이니까 인공지능은 '사람이 만들어낸 지능'이라는 의미지. 도구는 손으로 하는 것만 대신하는 걸 가리키지는 않지만 지능을 만들어서 쓴다는 게 가능한 걸까?

인공지능이 뭔지는 잘 몰라도 컴퓨터와 관계가 있다는 건 어렴풋이 짐작하고 있을 거야. 그렇다면 컴퓨터에 지능이 있는 건 아닌데, 컴퓨터에서 돌아가는 인공지능에는 지능이 있다는 게 좀 신기하지?

정말 사람이 지능을 만들어낸 거라면 언뜻 생각해도 앞으로의 세상은 많은 변화가 일어날 것 같지 않아? 맞아. 실제로 인공지능 때문에 우리가 생각해야 할 것들이 아주 많아졌어.

쓰이지 않는 분야가 없는 인공지능

인공지능이 어떤 것인지에 대해서는 잠시 제쳐두고, 인공지능이 실제로 어디서 어떻게 쓰이는지를 살펴보기로 해. 그런데

챗GPT로 그린 만화

사실 지능이란 건 어디에나 쓰일 수 있는 거야. 인공지능도 마찬가지여서 이젠 거의 모든 분야에서 활용되고 있다고 봐야 해. 마치 컴퓨터가 쓰이지 않는 분야가 없는 것과 마찬가지지.

우리가 쉽게 만날 수 있는 건 외국어 번역이야. 인터넷을 이용해서 외국 사이트를 볼 때 어떤 언어든 순식간에 번역해 주는 기능은 이미 많은 사람들이 사용하고 있어. 글을 번역하는 것 말고도 말을 듣는 즉시 다른 언어로 바꿔주는 통역도 이미 사용되고 있지. 이런 건 불과 몇 년 전만 해도 영화에서나 가능했는데 말이야.

인공지능이 하는 번역과 통역은 아직까지 사람이 하는 것처럼 매끄럽고 자연스럽지는 못해. 하지만 인공지능은 이미 전 세계의 거의 모든 언어를 할 줄 알아. 이런 사람이 없다는 것만으로도 인공지능의 실력은 놀랍지. 인공지능의 번역과 통역 실력이 아직은 좀 부족해 보일지 몰라도 언어 능력 자체는 사람을 이미 훌쩍 뛰어넘은 셈이야. 게다가 시간이 지날수록 실력은 점점 좋아지고 있고, 그 속도는 도저히 사람이 따라잡을 수 없다는 것이 중요해.

의료 분야에서도 인공지능이 활약할 수 있어. 병원에서는 병을 진단하기 위해 X선이나 MRI 같은 다양한 기술을 이용해서 몸의 내부를 촬영해. 하지만 아무리 의사라고 해도 사진만 보고 정확한 진단을 내리기는 쉽지 않아. 의사들도 오랜 세월에 걸쳐 수만 장이 넘는 촬영사진을 보면서 경험을 쌓아야 하거든. 그런데 인공지능은 아주 정확하고 빠르게 진단할 뿐 아니라 최고의 의사보다 뛰어난 판독 실력을 가지고 있어. 게다가 이렇게 실력을 갖추기까지 시간도 얼마 안 걸리지.

또 환자의 특성에 맞게 세세한 치료법을 알려줄 수 있어. 유전적인 특성을 분석하고, 과거에 앓았던 병의 기록을 살피기 때문이지. 하지만 의사는 환자마다 맞춤 치료를 하기가 쉽지 않아. 정말 엄청난 양의 공부를 하고 경험을 쌓아야 하거든.

스마트폰에서도 알게 모르게 인공지능이 많이 쓰여. 스마트폰 속에 저장되어 있는 수많은 소중한 사진들을 인물에 따라 빠르게 분류하고, 특정한 사람이 찍힌 사진만 찾아내 주는 건 모두 인공지능 덕분이야. 사진에 등장하는 얼굴을 보고 같은 사람인지 아닌지를 알아내는 능력이 있거든. 물론 사람도 할

인공지능과 함께 떠오른 세계 최대의 기업, 엔비디아

인공지능이 얼마나 전 세계로 빠르게 퍼져 나가고 있는지는 인공지능 관련 기업을 살펴봐도 알 수 있어. 회사의 규모를 알 수 있는 방법은 여러 가지인데, 그중에서 주식 가격은 사람들이 그 회사의 가치를 평가하는 기준이야. 한마디로 이 회사가 얼마의 가치가 있느냐는 거지.

미국의 반도체 회사인 엔비디아는 인공지능을 개발할 때 꼭 필요한 반도체를 만드는 곳이야. 엔비디아는 5년 전에 비해 회사의 가치가 20배 이상 올라가면서 2024년에는 세계에서 가장 비싼 회사 중 한 곳이 되었어.

엔비디아가 이렇게 성장한 이유는 오로지 인공지능 때문이야. 인공지능 열풍이 불기 전에는 그다지 눈에 띄는 회사는 아니었거든. 그런데 인공지능 개발에 필요한 반도체를 거의 유일하게 만들어 내고 있지. 지금은 전 세계의 어느 기업이라도 인공지능을 개발하고 싶다면 대부분 엔비디아의 제품을 사용해야 해. 정말 놀랍지?

수는 있지만 수천 장의 사진을 일일이 분류하려면 며칠은 걸릴 거야.

자동차를 운전할 때 사용하는 내비게이션도 인공지능 덕분에 점점 성능이 좋아지고 있어. 수많은 운전자가 동시에 같은 목적지를 향하게 되면 길이 막힐 수 있지. 그럴 때 내비게이션이 한쪽으로 몰리지 않고 여러 길로 나눠서 갈 수 있도록 안내해 주기도 하거든.

다른 예로는 금융과 관련된 것도 있어. 요즘은 생활 속에서 현금을 이용하는 경우가 점점 줄고 신용카드나 다양한 페이 등을 많이 사용하지. 그러면서 보이스피싱 같은 범죄도 덩달아 크게 늘어났어. 은행은 수많은 고객의 거래 내역을 모두 가지고 있지만, 이것을 하나씩 살펴보면서 어떤 거래가 범죄와 연관이 되어 있는지를 찾아내기란 쉽지 않아. 하지만 인공지능을 이용해 거래 내역을 살펴보면 이상한 거래를 빠르고 정확하게 찾아낼 수가 있지. 이렇게 인공지능이 한 번 걸러낸 거래를 사람이 다시 꼼꼼히 살펴보면 범죄와 연관된 거래를 훨씬 쉽게 발견할 수 있어.

또 인공지능이 작성하는 뉴스 기사도 많아. 특히 매일 반복되는 주식시장 시세처럼 굳이 사람이 취재하지 않아도 정보를 얻어서 작성할 수 있는 기사는 이미 인공지능이 쓰고 있어. 아마 앞으로는 일반 기사도 인공지능이 쓰게 될 거야.

이런 몇 가지 사례는 아주 대표적인 것이야. 사실 지금은 인공시능이 이용되지 않는 분야를 찾는 게 더 빠를지도 모를 정도지. 생각해 봐. 컴퓨터도 처음 등장했을 때는 몇몇 곳에서만 사용되었지만, 이제는 사용하지 않는 곳을 찾기가 힘들잖아? 인공지능도 시간이 지날수록 점점 더 그렇게 될 거야.

정말 다 잘하기만 할까?

그렇다면 이번에는 인공지능이 못하는 게 있을지 생각해 볼까? 모든 것에 만능일 것 같은 인공지능이지만 그렇지 않아. 대표적인 것이 번역이나 통역이야. 앞에서 말한 것과 다르다고? 맞아. 하지만 실제로 그래.

글이나 말을 다른 언어로 바꾸려면 제일 먼저 필요한 게 무엇일까? 당연히 글과 말을 이해하는 능력이겠지. 그런데 인공지능은 언어를 이해하고 옮기는 게 아니야. 만약 옮길 글이나 말이 정확하다면 인공지능은 꽤 그럴 듯하게 옮길 수 있어.

하지만 사람이 쓰는 글, 특히 말은 그리 정확하지 않을 때가 많고 같은 표현도 미묘하게 의미가 다른 경우가 많지. 친구들끼리, 혹은 집에서 가족끼리 대화할 때 잘 살펴보면 재미있을 거야. 그런데도 대화가 이루어지는 건 사람이 표정이나 몸짓처럼 다양한 방법을 함께 사용해서 말의 의미를 전달하기 때문이야. 사람은 이렇게 약간 애매한 상황도 파악하는 능력이 있지만 인공지능은 아직 그렇지 못하거든. 그러니 인공지능이 말을 옮길 때는 어색할 때가 종종 있어.

음악이나 미술, 글쓰기 같은 작품 창작도 인공지능이 잘하지는 못해. 요즘 인공지능은 그림은 물론이고 음악도 작곡할 수 있고 심지어 주제를 던져주면 동화책도 척척 만들어낸다고 하지. 이런 말만 들으면 인공지능이 무언가를 만들어내는 대단한 능력이 있는 것 같아.

인공지능이 글을 쓰고, 그림을 그리고, 작곡도 하는 건 분명

한데, 막상 작품을 보면 어디선가 본 것 같은 느낌이 들어. 그 이유는 인공지능이 자기가 여기저기서 보고 배운 것을 적당히 잘 섞어낼 뿐, 자신이 직접 완전히 새로운 걸 만들어내는 능력은 없기 때문이야. 이미 배운 걸 이리저리 섞고 정리하는 능력은 뛰어나지만 자기만의 생각은 없다는 거지. 그러니 사람들이 인공지능의 작품에서는 새롭다는 느낌을 받기는 힘들어. 새로운 것을 만들어내는 창의성이 없거든. 이 분야에서 아직까지는 사람이 인공지능을 단연코 앞서 있다고 할 수 있어.

앞으로는 외국어를 배울 필요가 없을까?

외국어를 배우는 건 누구에게나 쉽지 않아. 그럼에도 다른 언어를 이해하면 그 나라의 문화도 이해할 수 있고, 더 많은 지식과 정보를 얻을 수 있기 때문에 우리는 외국어 공부를 해. 그리고 어떤 언어를 사용하느냐에 따라 생각하는 것도 조금씩 다르기 때문에 여러 나라 언어를 할 수 있다면 생각을 키우는 데 큰 도움이 되지.

그런데 외국어로 쓰인 글은 물론이고 말까지 척척 번역해 주는 인공지능이 등장했으니 이제는 외국어를 힘들게 배울 필요가 없어진 건 아닐까 싶을 수도 있어. 외국어를 공부할 시간에 인공지능이 못하는 다른 걸 배우는 게 오히려 나은 게 아닐까 생각할 수도 있지.

과연 그럴까? 시간이 더 지나면 이어폰 하나만 끼고 있으면 술술 통역이 되고, 안경을 쓰고 있으면 영어가 한글로 보이는 시대가 올까?

외국어를 스스로 이해하고 말하는 것과 인공지능이 중간에서 건네주는 것은 비교하기 힘들 정도로 큰 차이가 있어. 내가 무언가를 하려고 할 때 항상 중간에 누군가가 있는 것과 마찬가지지. 인공지능 덕분에 외국어를 배울 필요가 없어졌다기보다는, 외국어 배우기가 훨씬 쉬워졌다고 생각하는 편이 좋을 거야.

윗글에 대한 여러분의 생각은 어떤가요? 자신의 의견을 써 보세요.

인공지능은 어떻게 만들어질까?

뇌를 흉내 내기

과학자들은 무언가를 만들 때 자연에 있는 걸 보고 아이디어를 얻는 경우가 많아. 날카로운 칼은 손톱이나 맹수의 발톱을 보고, 하늘을 날고 싶을 때는 새를 보고 흉내 내면서 비행기가 탄생한 것처럼 말이야.

그런데 이럴 때 자연의 원리를 똑같이 적용하는 건 아니야. 하늘을 나는 원리는 새를 보고 알아내기는 했지만 비행기가 새와 똑같은 방법으로 나는 건 아니거든. 그래도 기본 원리를 알

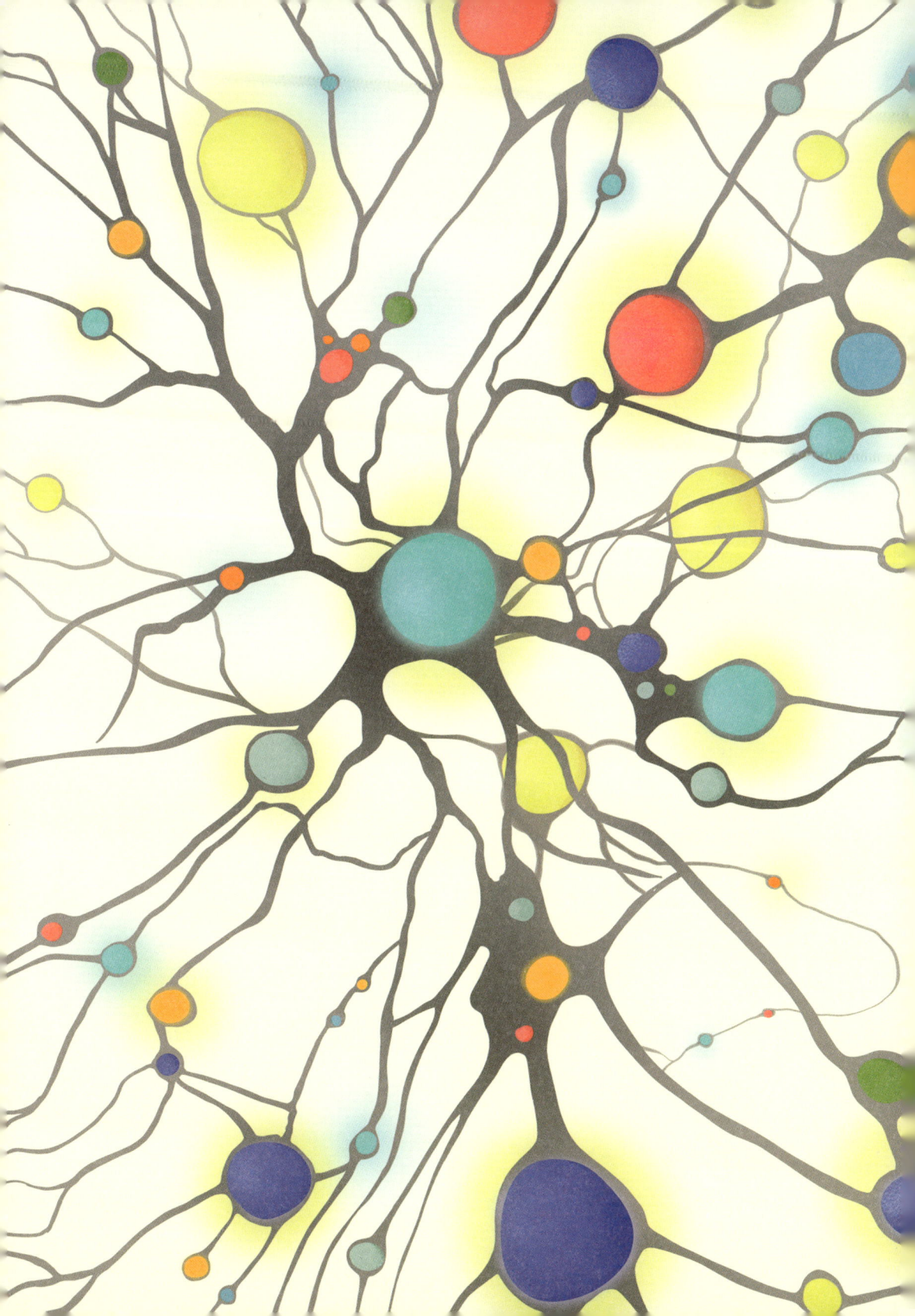

아내려면 자연을 먼저 살펴보아야 해.

그렇다면 지능을 가진 기계를 만들려면 뭘 살펴보아야 할까? 당연히 사람의 뇌겠지. 그런데 뇌는 정말 살펴보기 힘들어. 그래서 뇌에 대해서는 아직도 모르는 것이 많아. 사람의 뇌를 똑같이 흉내 낼 수 있다면 좋겠지만 그건 아직 힘들다는 뜻이야. 움직이는 기계는 내부를 들여다보면 어떻게 만들어져 있고 어떤 원리로 동작하는지 한눈에 보이지만, 뇌는 직접 본다고 해도 어떻게 움직이는지, 작동 원리가 보이지는 않거든.

그래도 연구가 많이 진행되면서 뇌의 구조와 동작에 대해 조금씩 밝혀지고 있어. 뇌에는 실처럼 생긴 수많은 신경세포가 그물처럼 얽혀 있는데 이런 신경세포를 '뉴런'이라고 하고, 뉴런들이 연결된 곳을 '시냅스'라고 불러. 우리 뇌 속에 뉴런은 수백억 개, 시냅스는 수백조 개나 돼.

뉴런과 시냅스가 얽혀 있는 것을 '신경망'이라고 하는데, 과학자들은 이 구조를 흉내 내면 뇌와 조금은 비슷해지지 않을까 생각했어. 그렇게 해서 만들어진 것이 '인공 신경망'이야. 물론 아직은 실제의 신경망만큼 복잡하게 만들지는 못했고, 새의 날

개를 보고 비슷한 모양으로 종이비행기를 접어서 던져 보는 수준이라고 할 수 있지.

그렇다면 도대체 무엇으로 인공 신경망을 만들었을까? 실이나 가느다란 전선일까? 아니야. 컴퓨터 프로그램이야. 신경망의 모양을 비슷하게 만든 것이 아니라 신경망의 동작을 흉내 낸 거지. 실제 신경망에서는 뉴런의 상태가 계속 변하는데, 이것을 프로그램으로 표현한 거야.

인공 신경망 훈련 시키기

신경망 자체는 그냥 아무것도 쓰여 있지 않은 빈 공책과 같아. 사람이 무언가를 배울 때 공책에 배운 내용을 잘 적어두는 것처럼, 신경망도 단련되도록 만들어야 해. 그리고 배우는 걸 굉장히 여러 번 반복하는 단순한 방법이 신경망의 학습법이야. 우리가 무언가 배우고 익히는 게 시간이 걸리고 힘든 것도 이런 이유지. 생각해 봐. 어렸을 때 처음 한글을 익히기 위해서 얼마나 수없이 반복하고 반복했는지 말이야. 구구단도 마찬가지고.

아기들은 뭐가 뜨거운지, 뜨겁다는 게 무엇인지도 모르기 때문에 뜨거운 물이 담긴 컵도 마구 만지려고 하잖아. 하지만 잘못 만져 손을 데거나 뜨거운 물 때문에 힘들고 나면 조금씩 알게 되지. 연기가 나는 건 뜨거운 거구나, 뜨거운 걸 만지면 아프구나, 뭐 이렇게. 운동, 게임, 지식 모든 것이 마찬가지야. 경험하면서 '아, 이럴 땐 이렇게 하는 거구나' 하면서 익숙해지고 실력이 느는 것이니까.

무엇이든 반복되는 경험과 연습을 통해서 능력을 갖게 돼. 그래야 사람의 신경망이 학습되거든. 어린아이는 수없이 넘어지고 일어나며 걷는 걸 배우잖아. 몸을 쓰는 모든 동작이 다 그래. 젓가락을 사용하고, 자전거를 타고, 수영을 즐기는 것도 모두 연습이라는 과정이 있어야 잘하게 되는 거야.

무언가를 학습한다는 건 시간을 들여서 뇌를 훈련한다는 뜻이야. 인공 신경망은 사람의 신경망에 비하면 규모는 아주 작지만, 기본적인 구조는 비슷하게 만들어 놓았기 때문에 인공지능도 뭔가 할 수 있게 하려면 연습을 시켜야 해. 이것을 '인공지능이 학습한다'고 말하는 거야.

예를 들어 개와 고양이 사진을 구분하는 인공지능을 만들려면, 아주 많은 개와 고양이 사진을 계속해서 보여 주면서 구분하는 학습을 시켜야 해. 그러고 나면 어떤 사진을 보여 줘도 개인지 고양이인지 척척 구분할 수 있지.

하지만 아무리 개와 고양이를 잘 구별한다고 해도, 다른 건 아무것도 할 줄 모르니 사람의 지능에 비할 바는 아니지. 사람은 무엇이든 다 배울 수 있지만, 인공 신경망은 정해진 것밖에 못 배우거든. 다른 걸 배우게 만들려면 새로운 인공 신경망을 또 만들어서 학습시켜야 해.

재미있는 건 인공지능도 학습하면서 뭔가 스스로 알아내는 구석이 있다는 거야. 넷플릭스나 쇼핑 사이트에서는 사용자가 좋아할 만한 걸 알아서 척척 추천해 주잖아? 이것도 모두 인공지능이 하는 거야. 만약 이 작업을 사람에게 시킨다면 판타지, 액션, 스포츠 뭐 이런 식으로 구분하고, 자주 찾아보는 배우가 등장하는 영화를 골라 주는 방식으로 작품을 추천하겠지.

그런데 인공지능이 해 주는 추천은 도대체 어떤 기준에 의한 것인지 그 인공지능을 설계한 사람조차도 알 수가 없어. 인공

지능이 만드는 나름의 기준은 있지만 그 의미를 사람이 이해할 수가 없거든. 믿어지지 않겠지만 진짜로 그래.

　이건 인공지능의 특징이기도 하고, 어떤 면에서는 큰 문제이기도 해. 지금까지 사람이 만든 모든 것은 속속들이 그 원리를 알기 때문에 마음 놓고 쓸 수 있었어. 그런데 인공지능은 따지고 보면 컴퓨터 프로그램에 불과한데도 사람이 알 수 없는 무언가를 갖고 있거든. 그야말로 자신만의 세계가 있는 셈이지.

학습으로 다듬어지는 도구

　먼 곳에 가려고 할 때 자동차라는 도구를 이용하면 더 빨리, 편하게 갈 수 있는 것처럼, 무엇인가를 할 때 도구를 이용하면 쉽고 더 정확하게 일할 수 있어. 한편으로는 도구가 반드시 있어야만 할 수 있는 일도 있지. 나사를 푸는 건 맨손으로는 할 수 없고, 전화 없이 목소리를 멀리 있는 사람에게 들려줄 수도 없듯이 말이야.

　사실 눈에 보이는 물건은 거의 다 도구야. 사람은 도구 없이

==는 살 수 없지. 지능이라는 말 때문에 특별해 보이기는 해도 결국 인공지능도 사람이 사용하는 도구인 거야.== 머리를 써야 할 때 도와주는 도구인 거지.

도구를 어떻게 쓰느냐에 따라 우리의 삶도, 사회도 크게 달라져. 인류는 도구와 함께 시작되었고, 사람이 다른 동물과 구분되는 것도 도구 때문이니까. 도구를 쓰는 건 인간밖에 없어. 우리가 원시인이라고 부르는, 수백만 년 전에 살았던 인류의 조상들도 돌도끼라는 도구를 만들어서 사용했거든.

당연한 말이지만 도구를 잘 쓰는 사람이 경쟁에서 유리해. 맨손으로 코뿔소를 잡으려는 것보다는 칼이나 활을 가지고 있다면 더 낫겠지? 개인뿐 아니라 국가도 마찬가지야. 그래서 많은 나라가 기술과 과학을 열심히 발전시키려고 하지. 더 뛰어난 도구를 만들겠다는 뜻이거든. 그런데 인공지능이라는 새로운 도구가 등장한 거야.

새로 등장했으니 발전할 가능성도 크겠지? 가위는 중요한 도구이기는 해도 더 이상 발전할 것은 거의 없어. 하지만 인공지능은 발전 가능성이 엄청나. 지금 전 세계에서 수많은 사람

들이 인공지능을 더욱 발전시키려고 애쓰는 중이라서 어디까지 발전할지 예상하기는 쉽지 않아.

하지만 지금의 인공지능에게는 몇 가지 명확한 한계가 있어. 사람들이 지능을 떠올릴 때 당연하게 생각하는 '특성'이 전혀 없거든. 그 점을 잘 살펴보면 인공지능을 활용할 때 어떤 문제가 있을지 생각해 볼 수 있을 거야.

인공지능은 학습을 통해서 다듬어지는 도구야. 사람도 무언가를 배우려면 책이나 선생님에게 많이 의존하지만, 스스로 공부하고 터득하기도 하지. 춤을 배운다고 해서 배운 동작만 할 줄 알게 되는 건 아니고, 무언가 자신만의 동작을 만들어내기도 하잖아.

스스로 찾아서 배우는 능력은 지능에서 굉장히 중요해. 무언가 배우고 싶다는 생각, 배워야겠다는 생각, 스스로 배우려는 의지와 능력이 없다면 지능이라고 하기 어렵지. 지금의 인공지능은 아무리 신기해도 결국에는 컴퓨터 프로그램이니 생각이란 게 있을 수 없고 당연히 이런 의지가 있을 리가 없어.

또 사람과 달리 인공지능은 학습할 때 쓰이는 자료에 없는 건 배울 수가 없어. 사람은 교과서에 있는 것만 배우지는 않잖아? 여행을 통해서도 배우고, 요리를 하면서도 배우고, 친구와 놀면서도 배우는 게 있어. 인공 신경망을 쓰는 인공지능은 어떤 학습 자료를 사용했느냐에 따라 성능이 전혀 달라져. 빈 공책에 어떤 내용을 써넣느냐에 따라 정말 귀중한 공책이 되기도 하고 쓰레기나 다름없는 물건이 되기도 하는 것과 같아.

한마디로 인공지능에게는 창의성이 전혀 없다는 거야. 배운 건 기막히게 써먹을 줄 아는데 그게 전부인 거지. 이래서야 인공지능 스스로 새로운 것을 찾아내고 앞서 나갈 수는 없겠지? 또 사람에게는 아주 당연한 '상식'이나 '감성'도 인공지능에게는 없어. 이건 배우는 게 아니라 스스로 쌓아가는 거라서 그래.

여기까지가 인공 신경망을 이용해서 만들어지는 인공지능의 구조를 이해하면 자연스럽게 생각할 수 있는 것들이야. 그런데 앞에서 인공지능이 학습하고 나면 뭔가 사람이 모르는 규칙을 찾아낸다고 했잖아? 그리고 그 규칙의 의미를 사람이 이해할 수 없다고 했지. 이 부분이 우리에게는 큰 걸림돌이야. 분명히 인간이 만든 도구인데 명확하게 알지 못하는 부분이 있다는 건

스마트폰에 들어간 인공지능 통역

요즘 스마트폰에는 대화를 곧바로 통역해 주는 기능이 들어 있어. 한국어로 말하면 바로 영어로 바꿔서 말을 해 주고, 상대방이 영어로 말하면 바꿔서 한국어로 들려 주는 식의 기능이지. 거의 전 세계의 언어를 서로 바꿔줄 수 있어.

이 기능을 사용하면 서로 상대의 말을 모르는 사람끼리도 편하게 대화할 수 있겠지? 해외여행을 갔을 때도 유용할 거야.

그런데 이렇게 인공지능에게 의존해서 여행하면 과연 재미있을까? 어느 나라를 가건 그 나라 인사말을 한두 마디라도 배워 직접 인사하고, 고맙다는 뜻을 표현하는 것이 더 즐거울 것 같은데 말이야.

아마 인공지능 통역기가 아무리 완벽해도 충분히 즐거운 여행이 되긴 힘들 것 같아. 직접 대화하며 통하는 기분을 느끼기는 어려울 테니까. 그래도 앞으로는 해외를 여행할 때는 인공지능 통역 기능을 꼭 준비해서 가는 게 좋겠지?

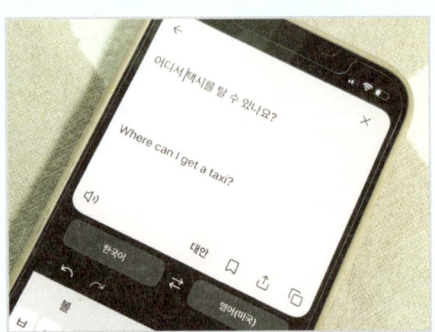

쉽게 사용할 수 있는 스마트폰 번역기

아무래도 찜찜하거든. 그래서 아주 중요한 곳에는 인공지능을 사용해도 될지 망설여질 때가 많아.

앞으로 인공지능은 과연 이런 한계를 넘어설 수 있을까? 생각도 하고, 감성도 생기고, 의지도 가진 인공지능이 등장할 수 있을까? 물론 지금의 인공지능 구조로는 불가능해. 하지만 완전히 새로운 기술이 등장해서 지금의 인공지능과는 전혀 다른, 사람의 지능에 더 가까운 인공지능을 만들어낼지는 아무도 모르지. 불과 20년 전만 해도 인공지능이 가능하지 않다고 주장했던 전문가들이 많았으니까.

인공지능은 누가 만들어도 비슷할까?

인공지능을 만들려면 학습을 시켜야 해. 당연히 어떤 자료를 이용해서 학습하느냐에 따라 인공지능의 성능은 아주 크게 달라져. 이건 인공지능이 피할 수 없는 문제야. 특히 챗GPT 같은 '대화형 인공지능'이라면 이런 특징이 더 잘 드러나지. 예를 들어 서로 으르렁거리고 있는 나라의 문제라면, 어느 나라에서 만든 인공지능이냐에 따라 전혀 다른 답을 내겠지? 독도에 대해 우리나라가 만든 인공지능과 일본이 만든 인공지능은 다른 대답을 할 가능성이 클 거야. 이런 문제 때문에 우리나라도 다른 나라에서 만든 인공지능에 의존하지 않으려고 노력하고 있어.

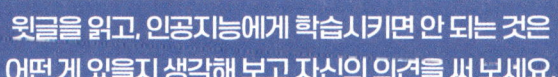

미래의 인공지능 로봇은 어떤 모습일까?

인공지능과 로봇이 만나면

'로봇'이라고 하면 제일 먼저 뭐가 떠올라? 사람처럼 생겨서 움직이는 로봇? 반도체나 자동차 공장에서 수백 대의 로봇 팔이 이리저리 움직이는 모습? 아니면 로봇 청소기? 생긴 모습은 달라도 이런 것들은 모두 로봇이라고 불러. 저마다 하는 일도 다르고 모습도 다른데 왜 하나같이 로봇이라고 부르는 걸까?

로봇은 '미리 정해진 규칙에 따라 움직이는 기계'를 뜻해. 로봇 청소기는 실내 청소만 할 줄 알아. 만약 로봇 청소기를 운동

장에 내놓으면 어떻게 될까? 청소할 곳을 찾지 못해 이리저리 움직이다가 고장 나 버리겠지. 공장에서 활약하는 로봇 팔도 마찬가지로 공장이라는 환경에서 정해진 작업만 할 줄 아는 거야.

이런 로봇은 진짜 스스로 알아서 움직인다고 할 수는 없어. 어떤 상황에 어떤 동작을 할지 미리 사람이 다 정해준 것이거든. 그래서 예상치 못한 상황이 닥치면 로봇은 어찌할 바를 모르게 돼. 결국 사람이 정해 준 일, 사람이 예상한 상황 안에서만 움직일 수 있다는 뜻이야.

지금의 로봇에게는 지능이라고 할 만한 건 전혀 없어. 프린터가 종이에 깔끔하게 인쇄하고 종이가 떨어지면 알려 주기는 하지만 아무도 프린터에 지능이 있다고 생각하지는 않는 것처럼 말이야. 그냥 정해진 상황에 대해서만 반응하는 기계일 뿐이지.

영화에 등장하는 로봇과 비교하면 꽤 부족한 것 같지? 영화에 나오는 로봇은 전혀 생각지 못했던 일이 일어나도 알아서 척척 해결하잖아. 전투 로봇은 몇 번 공격을 당하면 어떻게 막고 피해야 하는지 스스로 터득해서 반격까지 해. 이런 영화 속 로봇은 사람처럼 생각하고, 경험하면서 배우는 능력을 갖고 있다는 뜻이야. 그래서 사람들이 영화를 보면서 로봇에게 지능이 있다고 느끼는 거지.

그렇다면 엄청나게 발전하고 있는 인공지능과 로봇과 합쳐지면 지능을 가진 로봇이 만들어지는 게 아닐까? 맞아. 그런데 왜 아직 그런 로봇이 없냐고?

잘 생각해 보면 사람처럼 생긴 로봇은 아니지만 지능이 약간 있는 로봇은 이미 흔해. 자율주행 자동차도 인공지능을 이용하고 있어. 다만 생긴 모습이 우리가 보통 생각하는 로봇과 달라서 그렇게 느껴지지 않는 것뿐이지.

==그렇다면 앞으로 더 발전할 인공지능을 사람처럼 생긴 로봇에 집어넣는다면 사람과 꽤 비슷한 인공지능 로봇이 만들어지겠지?== 대화도 가능하고, 사람처럼 움직이고. 이미 많은 기업에서 이런 로봇을 만들었고 보여 주기도 했어. 미국의 피규어에서 만든 로봇인 '헬릭스'는 사람과 비슷한 모습을 가진 데다가 인공지능이 탑재되어 있어서 대화도 가능하고, 사람과 비슷한 방식으로 판단을 해.

그런데 인공지능을 가진 로봇이라고 해서 꼭 사람처럼 생겨

야 하는 건 아니야. 어떤 모습이건 로봇에게 인공지능이 들어 있기만 하면 되는 거니까. 정말 사람처럼 알아서 운전하고, 대화도 할 수 있는 자동차가 등장한다면, 그건 인공지능 로봇이라고 할 수 있겠지.

일본 소니에서 만든 인공지능 강아지 '아이보'는 주인을 알아보고, 점점 더 친해지기도 하는 인공지능 애완견이야. 아마도 머지않은 미래에는 더 다양한 인공지능 로봇이 등장할 거야.

지능이란 뭘까?

강아지를 키워 봤다면 '우리 집 강아지는 진짜 똑똑하구나'라는 생각을 한두 번쯤은 해봤을 거야. 처음 집에 왔을 때는 가족을 알아보지도 못하던 강아지가 시간이 지나면서 가족의 얼굴을 구별하는 건 물론이고 밥 먹는 곳이 어딘지, 화장실이 어디인지도 구분하게 되지. 슬퍼하는 가족이 있으면 옆에서 위로하기도 하고. 산책을 나가고 싶으면 다가와 조르기도 해.

만약 시간이 지나도 강아지가 가족을 알아보거나 따르지 못

 하고, 아무 데서나 변을 보고, 집안을 어지르기만 한다면 아무리 귀여워도 강아지를 키우려는 사람은 별로 없을 거야.

 우리는 강아지가 귀엽기도 하지만 약간의 지능이 있어서 사람과 교감이 되니까 좋아하는 것일지도 몰라. 그렇다면 지능이란 무언가를 배워서 터득하는 능력인 걸까? 글쎄? 지능이 정확히 무엇인지 명확하게 말하기는 힘들어.

 지능은 여러 가지 능력을 포함하는 표현이야. 기억력도 중요하고, 배우는 능력은 물론이고, 알고 있는 것을 잘 연결해서 생각하는 능력, 새로운 것을 생각해 내고 그려 보는 능력, 이를 바탕으로 미래를 예측하는 능력 등이 모두 있어야 비로소 '지능'이라고 할 수 있어.

생각이란 뭘까?

도대체 생각이라는 건 뭘까? 이것도 명확하게 설명하기 쉽지 않아. 사람의 지능을 살펴보면 생각, 감정, 의지 같은 것도 있는데, 감정이나 의지는 생각할 수 있어야 생기는 거야. 생각하는 능력이 없는데 의지가 있을 수는 없잖아.

잘 생각해 봐. 생각을 할 수 있어야 감정도 있을 수 있어. 기쁘고, 슬프고, 화나고, 즐겁고, 힘든 느낌은 생각이 없다면 있을 수 없으니까. 그런데 감정이라는 건 오롯이 자신만의 것이야. 결국 생각을 할 수 있다는 건 자신의 감정과 의지를 갖는다는 것과 같아. 생각을 할 수 있어야 비로소 '나'라는 존재가 있다는 거지. 그러니까 생각은 정말 굉장한 거라고!

스마트폰이나 냉장고는 당연히 '나'라는 걸 느끼지는 못하고, 인공지능도 아직은 '나'라는 게 없어. 만약 인공지능이 생각이라는 걸 할 수 있게 된다면 인공지능마다 '나'라는 의식이 생겨서 자기들끼리도 서로 다르다고 느끼게 되는 거니, 뭔지 몰라도 엄청난 일인 생길 게 분명해 보이지?

챗GPT 같은 인공지능에게 '저녁 메뉴로 무엇이 좋을지 생각해 봐'라고 물으면 '지금 그럴 기분이 아닙니다' 같은 대답은 절대로 하지 않아. 지금은 가장 유명한 인공지능이지만 아직 생각하는 능력이나 의지, 자아는 없거든.

사람은 생각할 수 있기 때문에 각자의 의지가 있는 거야. 어떤 아이스크림을 먹을지 고르는 것, 가고 싶은 곳을 가고, 만나고 싶은 친구를 만나는 것, 배우는 것과 같은 모든 행동은 자신의 의지가 있기 때문에 가능해.

결국 생각하는 능력이 있기 때문에 의지가 있을 수 있고 '나'라는 개념이 있다는 거야. 생각이란 그만큼 중요하지.

생각을 가진 인공지능 로봇이 등장한다면

그러니까 만약 인공지능이 생각하는 능력을 갖게 된다면 사람과 견줄 수 있게 된다는 뜻이야. 그리고 인공지능이 갖게 될 의지는 사람보다 훨씬 강할 거라는 건 충분히 상상할 수 있어. 그런데 자신의 의지가 있다는 건 자기 마음대로 행동을 결정할 수 있다는 뜻이니까 생각할 수 있는 인공지능은 사람의 명령에 저항도 하고, 거절도 하고, 시키지 않은 일도 스스로 찾아서 할 수 있다는 말이지. 어쩐지 그다지 반갑지 않은 것 같기도 하네.

만약 생각하는 인공지능 로봇이 등장한다면 학습 능력, 생각하는 능력, 의지, 모두 사람과는 비교조차 할 수 없을 정도로 뛰어날 거야. 그런데 이런 인공지능 로봇이 정말 나타날 수 있을까? 그 답은 아직 아무도 몰라. 하지만 안 나타날 거라고 장담할 근거는 없으니 머지않아 나타날 거라고 보는 게 현명하겠지.

==생각할 수 있다는 건 기분이 좋고 나쁘다는 것 같은 감정도 갖게 될 뿐만 아니라 자신의 행동을 스스로 선택해서 한다는 뜻이야.== 시키지 않은 일도 할 수 있게 된다는 거지. 집집마다 있는 인공지능 스피커는 시키는 것만 하지만, 강아지는 화도 내고,

애교도 부릴 수 있는 거잖아.

만약 생각하는 인공지능 로봇에게 설거지를 시켰는데 알아서 청소까지 해놓는다면 정말 신나는 일이겠지? 대신 그런 인공지능 로봇은 갑자기 설거지하기가 싫을 수도 있어. 그럴 때는 기분 나쁘다고 그릇을 깨놓을지도 몰라.

이렇게 인공지능 로봇이 사람의 지시를 거부하거나, 무시한다면 영화에 등장하는 것처럼 사람이 어떻게 할 수 없는 존재가 되는 거야. 그렇다면 과연 인공지능 로봇은 인간에게 꼭 이롭고 필요한 존재일까?

기르는 강아지가 귀엽고 사랑스럽긴 한데 느닷없이 주인에게 으르렁대면서 물고 공격한다면 아무리 귀여워도 키우기는 힘들어. 아무리 멋져도 호랑이나 표범을 애완동물로 키우는 사람이 없는 건 그런 동물이 우리 뜻대로 움직이지 않을 때 어찌할 방법이 없기 때문이야.

물론 인공지능 로봇이 언젠가는 생각하는 능력을 갖게 될 거라고 예상하는 전문가들이 많아. 인공지능 로봇이 과연 강아지처럼 될지, 맹수가 될지는 지금으로서는 알기 어려워. 분명한 건 인공지능 로봇은 계속 발전할 것이기 때문에 처음에는 강아지처럼 보이더라도 시간이 지나면서 맹수가 될 가능성도 크다는 거야. 물론 과학자들은 그때를 대비할 방법을 찾아내려 하겠지.

어떤 기술이건 좋은 점과 나쁜 점은 항상 함께하기 때문에 어떻게 사용하느냐가 중요해. 자동차는 사람들이 빨리 이동할 수 있도록 돕지만 다른 한편으로 많은 사람들이 자동차 사고로 목숨을 잃기도 하잖아. 생각하는 인공지능 로봇의 등장을 그저 기대만 하거나 무조건 걱정만 할 일이 아니라, 어떻게 활용하고 대비해야 할지를 생각해 둘 필요가 있어.

우리 곁에 온 대화형 인공지능

챗GPT를 사용해 봤지? 글이나 말로 무엇을 물어봐도 척척 대답해 주고, 번역도 바로 해 주고, 그림도 그려 주고 심지어 소프트웨어 프로그램도 만들어 주는 인공지능이야. 처음 등장했을 때는 정말 온 세계가 시끌시끌했는데, 이제는 비슷한 대화형 인공지능이 여러 곳에서 만들어졌어.

챗GPT가 사람의 말을 이해하고 답해 주는 걸 보면 정말 놀라워. 대화형 인공지능을 사용하면 숙제나 공부를 할 때 엄청나게 편리해. 그래서 처음에는 학교나 관공서에서 사용을 금지하기도 했지. 하지만 이제는 대화형 인공지능을 어떻게 잘 활용할지 궁리하게 되었어. 좋은 도구가 만들어졌는데 안 쓸 이유는 없으니까. 그런데 정말 챗GPT 같은 대화형 인공지능은 어떻게 글과 말을 알아듣고 답을 내놓는 걸까? 사실 이런 인공지능의 원리를 보면 말과 글을 정말 이해하는 건 아니야. 그래서 가끔 엉뚱한 대답을 하기도 하는 거고. 말할 줄 아는 것 같아도 생각하는 게 아니기 때문에 자신의 주장이라는 건 없지.

대화형 인공지능도 역시 도구이기 때문에 많이 써보며 잘 사용하는 방법을 터득하면 더 효과적으로 쓸 수가 있어. 사람끼리도 처음 만나서 친구가 되려면 자꾸 대화를 해봐야 상대의 스타일을 알게 되고 더 잘 통하는 방법을 알게 되는 것처럼 말이야. 그러고 보니 인공지능도 사람과 비슷한 구석이 있는 것 같네.

숙제가 하기 싫을 땐 어떻게 할까?

숙제가 하기 싫을 때는 누구나 있는 일이야. 하지만 그럴 때 어떻게 대처하느냐가 중요하지! 아래에 몇 가지 꿀팁을 정리해봤어:

🎯 **1. '왜' 해야 하는지 생각하기**
- 그냥 숙제라고 생각하지 말고, 이걸 왜 배워야 하는지, 앞으로 어디에 쓰일 수 있는지 떠올려봐. 동기부여가 생기면 하기 조금 쉬워져.

⏳ **2. 짧게 쪼개서 시작하기 (5분만 해보기!)**
- 처음부터 "다 해야지!" 하면 부담돼.
  → "딱 5분만 해볼까?" 하고 시작해봐.
  → 막상 시작하면 계속하게 될 때 많아!

🍬 **3. 보상 걸기**
- 숙제를 다 하면 좋아하는 간식 먹기, 게임 10분 하기 같은 작은 보상을 정해봐.
  → 보상이 기다리고 있으면 하기 쉬워져!

🛎 **4. 기분 전환 후 시작하기**
- 너무 하기 싫을 땐 산책, 스트레칭, 음악 듣기처럼 잠깐 기분 전환하고 다시 시작해보자.

챗GPT 대화 화면

인공지능이 우리의 일자리를 빼앗을까?

인공지능을 말할 때 빠지지 않는 주제가 사람들의 일자리를 인공지능이 빼앗을 수 있다는 걱정이야. 인공지능이 훨씬 일을 잘 한다면 누구나 인공지능에게 일을 맡기고 싶어하겠지. 인공지능은 아프지도 않고, 365일 일을 시켜도 불평하지 않으니까.

그런데 재미있는 건, 새로운 기술이 등장할 때마다 이런 걱정을 하는 사람들이 항상 있었다는 거야. 옷감을 만드는 기계가 처음 등장했을 때도 그랬고, 밭을 갈고 씨를 뿌리는 기계가 나올 때도 그랬어. 기계가 밭을 갈면 농사를 짓는 사람들은 사라질 거라고 생각했지. 하지만 꼭 그렇지는 않았어. 기계가 더 잘하는데 굳이 사람이 일할 필요는 없어. 그렇다고 사람들이 모두 일자리를 빼앗기고 할 일이 없어진 것도 아니야. 인공지능이라고 다를 건 없겠지.

어쩌면 처음으로 돌도끼를 만든 원시인을 보고 다른 원시인들도 같은 생각을 했을지 몰라. 아, 이제는 힘이 센 것이 별 의미가 없구나 하고 말이야. 힘이 센 사람보다는 돌도끼라는 도구를 가진 사람이 더 많은 일을 할 테니까. 실제로 앞으로는 인공지능이 대부분의 일자리를 대신할 거라는 예측이 많아.

그런데 사람에게는 인공지능은 물론이고, 어떤 도구도 가지지 못한 특징이 있어. 그건 바로 '스스로 더 나아지는 능력'이야. 인공지능은 아직까지 배우라고 시킨 것만 배울 줄 알지만 사람은 무얼 더 배워야 할지 스스로 찾을 줄 알거든. 그래서 내일의 나는 오늘의 나와 다를 수 있는 거잖아. 배우고, 경험하고, 익히면 새로운 수준에 도달할 수 있으니까. 그러니까 인공지능이라는 신기술이 어떤 일을 나보다 더 잘한다면 그건 미련 없이 넘겨 주고 나는 인공지능이 아직 하지 못하는 새로운 일을 찾고 배울 필요가 있어. 물론 쉽지는 않겠지만 뭐든 너무 쉬우면 재미없지. 어떻게 생각해?

> 윗글을 읽고 인공지능이 대신 할 수 없는 일은 어떤 것이 있을지 생각하고 자신의 의견을 써 보세요.

_____

_____

_____

_____

인공지능에게 책임과 권리가 있을까?

책임과 권리는 같이 움직여

평범한 사람들은 살면서 재판에 참석할 일은 거의 없어. 하지만 재판은 우리 사회를 지키는 데 절대로 없어서는 안 되는 기능이야. 범죄를 저지른 사람에게 마땅한 벌을 주는 것도 재판에서 정해지고, 사람들 사이에서 이런저런 주장이 맞부딪치는 싸움도 재판을 거쳐서 결론이 나거든. 재판이 없다면 사람들은 직접 싸우고 복수하게 될 테니 세상에는 폭력이 넘쳐나겠지.

재판을 진행하려면 서로의 주장을 뒷받침하는 증거도 필요하고, 적용할 법률도 필요하고, 과거에 비슷한 사건이 있었다면 그때 어떻게 판결을 내렸는지도 살펴봐야 해. 이 중 어느 하나라도 빠지면 사람들이 재판 결과를 받아들이기 힘들거든.

당연히 결정을 내리는 판사는 법 분야의 전문지식을 갖고 있어야 하고 엄청나게 많은 자료를 살펴봐야 해. 그런 면에서 재판은 인공지능이 가장 잘할 수 있는 분야일 거야. 수많은 법 중에서 어떤 법의, 어떤 부분을 적용할지 그리고 과거에 어떤 비슷한 사례가 있었고, 어떤 판결이 났는지 등을 순식간에 찾아낼 수 있거든.

게다가 인공지능은 적당한 결론이 무엇인지도 제시해 줄 수 있어. 판사는 이것을 참고해서 최종 결정을 내리면 될 거야. 이렇게 말하니까 판사가 별로 할 일이 없을 것 같지? 어쩌면 그냥 인공지능 로봇이 판사석에 앉아서 판결을 내리면 되는 거 아니냐고 생각할 수 있어. 하지만 모든 일이 이렇게 간단하지는 않아. 실제로 재판에 인공지능을 사용하는 나라는 없어.

의료 분야도 마찬가지야. 병원에서 여러 가지 검사를 한 다음, 의사가 검사 결과를 보며 "혈압이 높고, 비만이고, 운동을 더 해야 한다고 인공지능이 분석했네요"라고 말했다면 어떨 것 같아? 또 의사가 '인공지능이 이런 방법으로 치료하고 수술하라고 합니다'라고 말한다면 환자는 안심하고 따를 수 있을까? 게다가 인공지능 로봇이 직접 수술까지 한다면 마음 놓고 자기 몸을 맡기는 환자가 있을까?

병을 진단하고 치료하는 의사에게는 수많은 지식과 경험이 필요해. 그런데 인공지능을 이용하면 의사의 지식이나 경험 없이도 검진 결과를 해석하고, 효과적인 치료법을 찾아낼 수 있지. 하지만 환자의 입장에서 생각해 보면 그렇지 않을 수 있어.

==재판에서 판사의 역할과 병원에서 의사의 역할은 다르지만 어딘가 비슷해. 분명히 인공지능을 쓰면 아주 효과적일 것 같긴 한데, 두 경우 모두 실제로 사용하기는 정말 어렵거든.== 이런 예는 또 있어. 100층짜리 건물을 설계하는데 인공지능이 괜찮다고 하니까 설계도를 확인하지 않고 건물을 지어도 될까? 인공지능을 이용하면 자율주행 자동차의 운전도 문제없다고 하니까 그대로 믿고 차 안에서 잠을 잘 수 있을까?

이 모든 경우에 공통되는 것은 인공지능이 '잘할 수 있느냐'

의 문제가 아니고 '누구에게 책임이 있느냐' 하는 거야. 집과 학교는 물론 세상의 모든 일은 누군가가 책임을 맡고 있기 때문에 제대로 움직이거든. 그런데 인공지능에게 모든 책임을 맡길 수 있을까?

사람의 세계에서는 책임을 맡는다는 건 그 일에 대해서 '권리'도 갖는다는 말이야. 무엇이건 자신의 이름으로 하는 행동은 다 그래. 사람처럼 생긴 인공지능 로봇에게 책임을 맡기면 그 순간 인공지능이 권리도 갖게 되겠지. 그렇게 되면 사람의 자리를 인공지능 로봇이 차지하게 되는 거야.

이사를 가려고 하는데 알고 보니 집주인이 인공지능 로봇이라면 우리는 인공지능 로봇과 계약을 해야 해. 그렇다면 인공지능 로봇과 인간이 서로 동등한 존재가 된다는 말이야.

책임과 권리는 항상 함께 붙어 다니고 인간만이 가질 수 있는 것으로 여겨져 왔어. 그런데 인공지능 로봇에게 책임과 권리를 줘야 하는 상황이 올 수 있는 거지. 물론 아직은 상상일 뿐이지만, 사람과 마찬가지로 생각하고 느끼고 의지를 갖는 인공지능 로봇이 나타난다면 어떻게 해야 할까?

지능 폭발이 가져올 변화들

인공지능의 능력이 계속 발전하면 어떻게 될까? 아직까지 인간만 가진 능력을 언젠가는 인공지능이 갖게 될 수도 있을 테니 말이야. ==인공지능의 기술이 발전해서 인류의 지능을 뛰어넘게 되는 현상을 '지능 폭발'이라고 해.== 지금은 터무니없는 말로 들릴 수도 있지만 반드시 그런 때가 올 것이라고 예상하는 과학자들도 있어. 심지어 10~20년 뒤에 바로 올 수도 있다고 생각하기도 해.

만약 그렇게 되면 새로운 지식이나 기술도 인공지능이 사람보다 더 빨리 찾아내고 개발하게 되겠지? 인공지능이 생각하는 속도는 사람과 비교할 수 없을 정도로 빠르니 인공지능에 의한 기술 발전의 속도는 엄청날 거야. 이 시기를 과학자들은 '기술적 특이점'이라고 해. 기술 발전에 있어서 아주 특이한 순간이라는 건데, 이때부터 인류는 인공지능이 만들어 내는 기술을 이해할 수조차 없는 수준이 되리라고 보는 거야. 마치 강아지들이 사람이 만들어 내는 기술을 전혀 이해할 수 없는 것처럼 말이지.

정말로 그렇게 된다면 어떤 변화가 일어나게 될까? 머리를 쓰는 모든 일은 인간보다 인공지능이 더 잘하게 되겠지. 그러면 사람은 대체 무엇을 하게 될까?

긍정적으로만 생각하면, 기술이 엄청나게 발달해서 많은 사람들이 혜택을 누리고, 건강하게 오래 살게 되고, 환경문제도 사라질 수 있어. 반면에 부정적으로 생각하면, 사람들은 할 일이 없어 의욕이나 열정이 사라지고 인공지능이 사람을 옭아맬 수도 있을 거야. 이미 지금의 인공지능으로도 국민을 감시하고 옭아매는 나라도 있거든.

미래를 예측할 때는 항상 나쁜 상황이 먼저 떠오르곤 해. 그래서 인공지능이 발전하면 아주 몇몇 사람이나, 몇 개의 나라가 세계를 지배할 거라고 예측하는 사람들도 있어.

이처럼 지능 폭발이 일어나 인공지능이 인류의 지능을 앞서는 시대가 되면 사회와 인류가 어떻게 변할지를 예상해 보는 일은 매우 중요해. 기술의 발달은 거의 대부분 예상한 대로 흘러가지 않거든. 그래서 미리미리 생각해 두지 않으면 굉장히 혼란스러워질 수 있어.

하지만 기술적 특이점이 어떤 변화를 가져올지 알아내는 건 사실 굉장히 어려운 일이야. 왜냐하면 이미 인공지능의 지능이 인간을 넘어섰을 때는, 인공지능이 어떤 생각을 하고, 무슨 일을 할지 사람이 상상하는 것조차 불가능하거든. 강아지가 사람이 어떤 생각을 하는지 다 이해하고 예상할 수 없는 것과 마찬가지야.

소설과 영화 속의 인공지능 로봇

공상과학소설이나 영화에서는 인공지능 로봇이 이미 오래전부터 등장했어. 아이작 아시모프가 1950년에 발표한 소설 《아이, 로봇》에서는 인공지능 로봇이 사람을 뛰어넘지 않도록 반드시 지켜야 하는 원칙을 만들어 놓았어.

여기서 등장한 것이 유명한 '로봇 3원칙'이야. 한마디로 '로봇은 인간에게 도움이 되는 하인 같은 존재여야 한다'는 거지. 인간과 마찬가지로 생각하고 행동할 수 있는 능력을 가진 인공지능 로봇이 인간을 공격하면 곤란하니까.

사람이 인공지능 로봇과 사랑에 빠지는 내용의 영화도 많

아. 〈엑스 마키나〉, 〈블레이드 러너 2049〉 같은 영화에서는 인공지능 로봇이 인간을 좋아하게 되면서 마음 아파하기도 하고, 떠나가기도 해. 결국 이런 작품들이 말하는 건 사람의 마음속에는 인공지능 로봇이 사람과 너무 비슷해지지 않을까 하는 두려움이 있다는 거야. 인간은 사람 이외에는 사람과 비슷한 존재를 본 적도 없으니 만약 그런 존재가 나타난다면 어떻게 대해야 할지 모르거든. 어쩐지 으스스하지?

==사람이 만든 모든 것에는 알게 모르게 그것을 사용하는 사람이 지켜야 하는 규칙이 있어.== 자동차는 도로로만 다녀야 하고, 식칼을 주방이 아닌 곳에서 들고 다니면 눈총을 받지. 그런데 인공지능 로봇에게 적용하려는 규칙은 사람이 아니라 도구인 인공지능 로봇 자신이 지켜야 하는 거니까 전혀 달라. 그리고 이런 원칙을 스스로의 생각과 의지를 가진 인공지능 로봇이 반드시 지킨다고 장담할 수가 없어. 사람도 지켜야 하는 여러 가지 규칙을 빠짐없이 지키며 살지는 않거든. 절대로 지각 안 하고, 아무도 없는 건널목에서 항상 신호를 지키며 길을 건너기는 생각처럼 쉽지는 않으니까.

텔레비전이나 에어컨을 1시간 후에 꺼지도록 해놓으면 항상 정해 놓은 대로 꺼지지만, 반려견은 주인이 원하는 때 잠들도록 할 수가 없어. 그건 반려견에게 스스로의 의지라는 게 있고 그 건 사람이 원하는 대로 조절할 수가 없기 때문이야. 의지를 가진 인공지능도 마찬가지지. 자신의 생각과 의지를 가진 인공지능 로봇이 등장하면, 사람의 뜻을 벗어나는 행동을 하는 일이 일어난다고 해도 하나도 이상할 게 없을 거야.

미래에 어떤 기술이 등장할지 상상해 보는 것은 어렵지 않아. 진짜 힘든 것은 그런 기술이 나왔을 때 과연 어떤 일이 벌어지고, 사람들에게 어떤 영향을 줄지, 사람들은 과연 어떻게 반응할지를 예상하는 거야. 만약 인공지능 로봇이 당장 내일 등장한다면 사람들이 어떻게 반응할지 대략 예상할 수 있겠지. 하지만 10년 뒤라면 어떨까? 그때의 내가 어떤 생각을 갖고 있을지는 나도 모를 일이잖아.

10년 전의 뉴스나 사건을 지금 보면 왜 사람들이 저랬을까 싶은 것들도 많지. 하지만 그게 그때 사람들이 지금보다 지능이 떨어져서 그랬던 건 절대로 아니야. 단지 사람들의 생각하

챗GPT가 그린 미래 사회

는 방법과 기준이 지금과 다를 뿐이거든. 지금은 촌스러워 보이는 예전의 패션도 그때는 가장 세련되어 보이니까 입은 것처럼 말이지.

마찬가지로 우리가 인공지능 로봇에게 기대하고 걱정하는 것은 지금의 우리가 생각하는 틀에 맞춰 볼 때 그런 것뿐이야. 아마 인공지능 로봇이 등장할 때쯤이면 이 책을 읽고 있는 여러분의 생각도 지금과는 많이 달라져 있겠지. 그러니 미래의 기술이 과연 어떻게 받아들여질지는 우리가 어떤 마음가짐으로

기다리고 있느냐에 따라 완전히 달라져. 중요한 건 충분한 지식을 쌓으면서 마음을 열고 기다리는 거야. 아무 생각 없이 있다가 인공지능 로봇이 등장한다면 얼마나 당황스럽고 따라가기에 바쁘겠어?

인공시능 로봇의 미래를 생각할 때면 굉장히 기대되기도 하고 걱정도 되지만 마땅한 답을 찾기는 힘들어. 하지만 인류는 항상 새로운 문제를 만날 때마다 그것을 극복하는 방법을 찾아내며 지금까지 살아왔어. 그러니 우리도 미래의 인공지능 로봇을 다루고 대할 수 있는 방법을 고민하며 결국 찾아내게 될 거야.

알 수 없는 인공지능

지금의 인공지능은 설계도 사람이 했고 성능도 좋지만 결과적으로 왜 이렇게 동작하는지 자세히 알 수는 없다는 특징이 있어. 이상하지만 그게 지금 우리 주변에서 활약하고 있는 인공지능이야. 당연히 이 때문에 생기는 문제도 있지.

우선 인공지능이 내놓는 결과를 믿기 힘들다는 거야. 어떤 원리로 답을 낸 건지 모르는데 무조건 받아들일 수는 없잖아. 숙제할 때 챗GPT를 사용한다면 이 부분을 잊으면 안 돼.

다른 문제도 있어. 만약 인공지능이 분명히 잘못된 답을 내주는 게 분명하다면 원인을 찾아서 고쳐야 하겠지. 그런데 인공지능이 답을 만들어 내는 정확한 방법을 알 수가 없으니 어느 부분을 고쳐야 하는지도 알기 어려워. 마찬가지 이유로, 일단 만들어진 인공지능의 성능이 더 좋아지도록 다듬는 것도 쉽지 않아. 그래서 인공지능 전문가들은 이런 특성을 피해서 인공지능을 다루는 여러 가지 방법을 찾고 있지만 아직 해결하지 못하고 있어. 인공지능은 애초에 사람이 완전히 이해할 수 있는 방식으로 동작하지 않기 때문에 일어나는 일이지.

아마 앞으로 등장할 '생각하는 인공지능'은 아마 더 속내를 알기 힘들 거야. 그래도 쓸모가 있으면 계속 사용할 수밖에 없어. 왜냐하면 내가 사용하지 않아도 나의 경쟁자가 사용하면서 앞서간다면 나도 사용하지 않을 수가 없으니까.

==게다가 경쟁은 나와 다른 사람 사이에서만 일어나는 게 아==

==니고 국가 사이에서도 일어나. 게다가 국가 간에는 규칙이 잘 지켜지지 않을 때가 많지.== 나라와 나라 사이에는 사실상 반드시 지켜야 하는 규칙이라는 게 없으니까. 지키지 않았다고 곧바로 상대 나라에게 전쟁을 선포할 수는 없잖아? 그래서 인공지능 같은 새로운 기술에 아무리 문제가 있더라도 성능이 뛰어나면 사용할 수밖에 없어.

인공지능 야구심판

야구 좋아해?
야구는 투수가 공을 던질 때마다 심판이 스트라이크인지 볼인지 판단하는데, 심판마다 판정이 항상 같지는 않아. 어떤 심판은 스트라이크라고 판정해도 어떤 심판은 볼이라고 할 수 있거든.
그러다 보니 종종 심판의 판단에 타자와 투수가 불만을 터트리기도 하고 관중들이 흥분하기도 하지. 어떤 사람들은 이것도 야구의 재미 중 하나라고 생각하기도 해.
그런데 우리나라 프로야구에서는 2024년부터 스트라이크와 볼을 심판이 판정하지 않아. 그러면 누가 어떻게 판단하는 걸까? 놀랍게도 인공지능이야. 카메라로 공이 지나가는 길을 인공지능이 보고 판단해서 무선 이어폰으로 심판에게 알려 주면 심판은 그걸 외치는 거지.
그래서 최근 경기를 보면 스트라이크와 볼 판정에 대해 항의하거나 어이없어하는 표정을 짓는 선수가 사라졌어. 항의하는 선수도 없지. 선수들도 인공지능이 사람 심판보다 훨씬 정확하다는 걸 잘 알고 있다는 뜻이야.
정확한 판단도 중요하지만 가끔은 스트라이크냐, 볼이냐 하는 판정 때문에 경기의 흐름이 바뀌는 재미는 사라졌으니 야구의 즐거움이 조금 줄었다고 해야 하는 걸까?

챗GPT 저작권 침해 소송

숙제할 때 챗GPT 같은 대화형 인공지능의 도움을 받아본 적 있어? 뭘 물어봐도 척척 정리해서 대답을 잘해 주지. 놀라울 정도로 쓸모가 많아서 이제는 많은 사람들이 활용하고 있어.

대화형 인공지능이 이렇게 무엇이나 대답해 줄 수 있는 것은 내용을 미리 공부해 두었기 때문이야. 게다가 사람처럼 잊어버리지도 않고, 헷갈리지도 않으니 이런 점에서는 사람보다 훨씬 낫지. 하지만 인공지능이 알려 주는 내용은 자신의 의견은 없이 하나부터 열까지 모두 어디선가 가져온 것이야. 여기저기서 본 내용을 잘 정리해서 알려 주는 거지. 물론 대단한 능력이기는 해. 그렇지만 달리 말하면 대화형 인공지능은 누군가의 지식을 여기저기서 조금씩 베껴서 나열하기만 한다는 뜻이기도 해.

결국 인공지능이 알려주는 정보는 다른 누군가의 연구 결과나 의견이라는 말이지. 게다가 어디서 배웠는지 알려 주지도 않고 모두 자신의 의견인 것처럼 말해. 누군가 숙제를 할 때 이런 식으로 다른 친구의 것

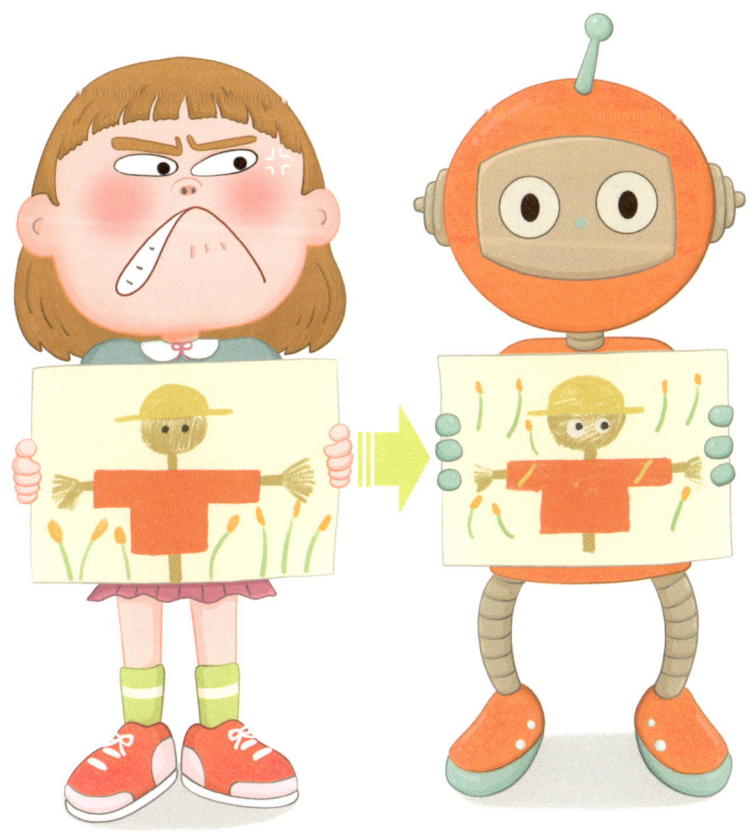

을 여기저기서 베끼고 긁어모아 자신이 한 거라고 내놓으면 어떻겠어? 지금은 다른 사람이 만들어 놓은 정보를 마음대로 베끼는 건 물건을 훔치는 것과 마찬가지인 시대야. 그러니 대화형 인공지능은 완전히 정보 도둑이나 마찬가지인 셈이지. 이미 뉴스와 정보를 만드는 대형 언론사 같은 곳에서는 대화형 인공지능을 만드는 회사를 상대로 소송을 걸기도 했어. 세상이 참 복잡해졌지?

> 윗글을 읽고 이런 일이 발생하지 않으려면 어떻게 해야 할지 자신의 의견을 써 보세요.

인공지능 로봇과 마음을 나눌 수 있을까?

친구와 반려동물

누구나 친한 친구가 있을 거야. 가끔은 서로 다툴지 몰라도 함께하면 즐거운 친구들이 없다면 생각만 해도 심심하겠지? 요즘에는 강아지나 고양이 같은 반려동물을 친구나 가족으로 생각하는 사람도 많아. 반려동물과 서로 마음을 주고받으면서 친구 못지않게 감정을 나눌 수 있거든.

친구라는 감정을 느끼려면 일단 내가 감정을 줄 수 있어야 해. 사실 감정을 줄 수 있는 건 많아. 꽃이나 나무 같은 식물을

열심히 가꾸는 사람은 식물에게 마음을 주지. 식물에게는 마음이 없으니 마음을 주고받는 것은 불가능하지만 많은 사람들은 식물을 키우면서 무언가 오간다고 느끼기도 하거든. 그리고 스포츠 스타, 연예인, 심지어 소설이나 영화, 만화 속의 주인공, 혹은 자신만의 취미에게도 마음을 줄 수 있어. 하지만 이런 것은 모두 나 혼자서 마음을 주는 것일 뿐이야. 그래서 취미를 친구라고 하기는 힘들지.

==친구가 되려면 우선 상대에게도 감정이 있어야 해. 강아지와 대화할 수는 없어도 충분히 친구 같다고 느낄 수 있지. 그렇다면 감정을 가진 인공지능 로봇이 등장한다면 과연 친구가 될 수 있을까?==

인공지능이 아직 가지지 못한 것

반려동물을 친구처럼 느낄 수 있는 건 이들에게 마음, 그러니까 생각하는 능력이 있어서야. 강아지도 분명히 '나'라는 개념을 갖고 있거든. 만약 우리 집 강아지와 다른 집 강아지가, 생

긴 것이나 행동은 물론 생각도 전부 똑같아서 전혀 구분할 수 없다면 굉장히 이상하겠지?

그렇다면 아무도 자신이 키우는 강아지에게 친구나 가족 같은 느낌은 받기 힘들 거야. 우리 강아지는 세상에 단 하나뿐이기 때문에 나와 친구라는 관계가 만들어지는 거니까.

이건 인공지능 로봇이 생각을 갖게 되어도 마찬가지야. 인공지능 로봇에게 감정, 성격, 의지 등이 생겨도 어느 인공지능 로봇이나 똑같다면 딱히 내 친구라고 생각하기는 힘들어. 나와 감정을 주고받으려면 그 인공지능 로봇만의 마음이 있어서 인공지능 로봇 스스로 '나'라는 걸 생각할 수 있어야 한다는 뜻이야.

그런데 아직까지 인공지능에 감정이나 성격, 의지를 갖게 하는 기술은 만들어지지 않았어. 지금의 인공지능은 우리가 친구라고 느끼기에는 매우 많이 부족하지. 내 컴퓨터에 있는 챗GPT나 친구의 컴퓨터에서 접속하는 챗GPT나 다 같은 것이잖아. 아무리 나와 대화가 잘 된다고 해도 나와 챗GPT 사이에 아무런 관계가 만들어지지 않았으니까 아직은 나만의 친구라고 할 수는 없는 거야.

선택은 사람의 몫

언젠가 사람과 비슷한 감정을 갖고 생각하는 능력을 가진 인공지능 로봇이 등장했다고 상상해 볼까? 정말 사람처럼 마음이 오가고, 때로는 다투기도, 삐치기도 하고, 화도 내는 그런 로봇 말이야. 각각의 인공지능 로봇마다 타고난 성격이 있어서 다른 집에 있는 인공지능 로봇과는 확실히 구별되는 로봇이라면?

이런 인공지능 로봇이라면 자신의 미래를 생각하고, 걱정하기도 할 거야. 오래되어 고장이 날까 봐 스스로 걱정도 하고, 자신보다 더 성능이 뛰어난 인공지능 로봇이 등장했다고 우울해하기도 하겠지.

그때가 되면 인공지능 로봇과 사람의 차이라고는 생명이 있느냐, 없느냐 뿐일 거야. 그렇다면 생명은 또 뭐지? 인공지능 로봇도 고장 나서 못 쓰게 될 수 있어. 우리가 생각하는 생명은 아니지만, 인공지능 로봇 입장에서는 생명이 없다고 할 수도 없지.

하지만 아무리 인공지능 로봇이 발전해서 사람과 친구가 되고 마음을 나눈다고 해도 이들을 사람처럼 대할 수 있을지는

생각해 봐야 해. 사람에게는 살아가면서 해야 할 의무도 있고, 지켜야 하는 책임, 누릴 수 있는 권리가 있어.

　인공지능 로봇에게도 권리와 책임을 주면 되는 거 아니냐고? 글쎄, 그건 생각해 볼 문제지만 어렵다고 봐. 지금도 자율주행 자동차는 꽤 운전을 잘하지만, 혹시라도 사고가 나면 그 책임은 누가 져야 하는지 아직 확실하지 않거든. 자율주행을 하는 자동차의 인공지능이 책임을 질 수는 없을 테고, 자동차를 만든 회사도 아닐 거야. 사고의 책임은 여전히 운전하는 사람에게 있어.

　인공지능 로봇이 사람과 구분하기 힘든 정도가 되면 집을 사서 집주인이 되고, 은행에 계좌를 만들어 거래도 할 수 있을까? 인공지능이 뛰어난 지능으로 돈을 벌어 회사를 차리고 사람들을 고용하고, 멋진 집을 짓고 산다면 사람들이 그걸 어떻게 생각할까?

　사람과 동등한 위치가 되는 게 아니라 단지 친구 사이가 되는 데는 책임과 권리는 필요하지 않아. 강아지에게는 아무런 책임도, 권리도 주지 않았지만 친구처럼 지낼 수 있어. 그러니 마음을 줄 수 있다면 인공지능 로봇도 충분히 친구가 될 수가 있을 거야.

친구란 무엇인지부터 곰곰이 생각해 봐야겠다고? 좋은 생각이야. 인공지능 덕분에 이렇게 많은 걸 고민하게 될 줄은 몰랐지? 인공지능 로봇이 발전할수록 사람과 비슷해질 테니 어쩌면 우리의 삶과 관련된 모든 것을 하나하나 다시 생각해 봐야 할 거야.

사람이 사람과 비슷한 걸 만들어 내게 된다면 당연히 생각할 문제가 끝없이 많아질 수밖에 없어. 대체 사람이란 뭐지? 나는 무엇이지? 하는 생각을 해봐야만 하니까. 인공지능 로봇에게 '아무리 그래 봤자 넌 인공지능이고 로봇이잖아'라는 마음으로 다가갈지, '너와 친구가 되어 보고 싶어'라는 생각으로 다가갈지는 우리의 선택일 거야. 그리고 사람마다 각자 다른 선택을 하게 되겠지.

하지만 분명한 건, 뭐가 어찌 되었건 인공지능 로봇은 사람이 아니라는 거야. 어떤 경우에도 사람이 우선일 수밖에 없어. 인공지능 로봇이 아무리 발전해도 아무도 인공지능 로봇을 사람과 똑같이 대할 수는 없어. 인공지능도, 인공지능 로봇도 모두 사람이 만든 도구이니까.

인공지능 애완용 강아지

강아지 모양의 애완용 로봇은 이미 오래전부터 있었어. 1999년 일본의 소니라는 회사에서 강아지 모양을 흉내 낸 '아이보'라는 인공지능 로봇을 내놓았거든. 지금의 인공지능만큼의 성능은 아니었고 가격도 비쌌지만 많은 사람들이 아이보를 구입했어. 강아지를 키우고 싶지만 돌보기는 힘든 사람들에게는 아주 좋은 선택이었거든.

아이보를 사용하다가 수리조차 힘들 정도로 망가지면 장례식을 해 주는 곳이 생길 정도였어. 아이보를 쓰던 사람들에게는 아이보

소니 사의 인공지능 강아지 아이보

가 살아 있는 강아지와 마찬가지였으니까. 정말 자신이 가진 아이보에게 마음을 주었던 거지.

지금은 모양**도** 진짜 강아지에 가깝고 인공지능 기능이 **훨씬** 뛰어난 신형 아이보가 판매되고 있어. 신형 아이보는 키우는 **동안 자**신의 인공지능을 이용해서 집안의 구조를 익히고 주변 환경 등을 학습해서 시간이 지날수록 잘 적응할 수 있어.

비록 아이보가 아직 자신의 감정은 갖고 있지 않지만, 주인이 마음을 줄 수 있는 존재가 될 수 있다는 건 분명한 것 같아. 아마 앞으로는 이런 인공지능 로봇과 마음을 주고받는 사람들이 더 늘어날 거야.

10점을 쏘는 양궁 로봇

2024년 파리 올림픽에서 대한민국 양궁 대표팀은 5가지 종목 모두에서 금메달을 따는 놀라운 성적을 거뒀어. 우리나라 선수들이 이렇게 뛰어난 실력을 가질 수 있었던 데는 활을 쏘는 양궁 로봇이 큰 도움이 되었다고 해. 선수들은 옆에 로봇을 세워 놓고 연습한 거야.

로봇은 사람처럼 긴장하거나 지치지 않기 때문에 아무리 실력 있는 선수라도 양궁 로봇을 상대로 이기기는 쉽지 않겠지? 그야말로 강철 정신을 가진 로봇을 상대로 훈련하면서 선수들의 실력도 좋아진 거지.

사실 양궁 로봇은 선수들보다 실력이 더 뛰어날 수 있어. 하지만 양궁 로봇이 나오는 경기를 보고 싶어 하는 사람은 없을 거야. 스포츠는 사람의 것이기 때문이지. 우리가 보고 싶은 건 매번 10점을 쏘는 로봇이 아니라 경기를 하면서 선수들 사이에서 만들어지는 팽팽한 긴장감과, 응원하던 선수가 이겼을 때 함께 환호할 수 있는 감정이니까. 사람들은 스포츠에서 실력뿐 아니라 선수들의 감정과 생각, 열정과 같은 것에 매

료도는 거야. 반대로 생각해 보면 로봇에게 감정, 생각, 열정 같은 것이 생긴다면 우리가 로봇에게 열광할 수 있을지도 모른다는 뜻이기도 해. 과연 정말 그럴까?

윗글을 읽고 자신의 의견을 써 보세요.

_____

_____

_____

_____

_____

_____

_____

_____

_____

_____

_____

인공지능 로봇과
친구가 될 수 있을까?

초판 1쇄 발행 2025년 6월 5일
초판 2쇄 발행 2025년 11월 10일

지은이	김일선
그린이	세미

펴낸이	이혜경
펴낸곳	니케북스
출판등록	2014. 4. 7	제 300-2014-102호
주소	서울시 종로구 새문안로 92 광화문 오피시아 1717호
전화	(02)735-9515	팩스 (02)6499-9518
전자우편	nikebooks@naver.com
블로그	blog.naver.com/nikebooks
페이스북	www.facebook.com/nikebooks
인스타그램	(니케북스)@nike_books (니케주니어)@nikebooks_junior

ISBN 979-11-94809-02-9
     979-11-94809-01-2(세트)

니케주니어는 니케북스의 아동·청소년 브랜드입니다.

책값은 뒤표지에 있습니다.
잘못된 책은 구입한 서점에서 바꿔 드립니다.